노래마다 눈물이 묻어 있다

한 국 대 표
명　 시　 선
1　 0　 0

이　 기　 철

노래마다 눈물이 묻어 있다

시인생각

■ 시인의 말

내면공간이 넓은 시심詩心으로

　이 시선집을 준비하는 동안 나는 뜻하지 않게 내 사십 년의 시업을 돌아보게 되었다. 참 많은 시간이, 참 많은 세월이 회오리처럼 지나갔다. 꿈이, 낭만이, 슬픔이, 이별이, 밤과 낮이, 봄과 가을이, 햇빛과 어둠이 명과 암으로 교차했다. 돌아보니, 밉건 곱건 그것이 나의 삶이고 나의 사랑이고 나의 시였다는 생각이 든다. 나를 떠나간 사람은 모두 이별을 만들었고 나와 만난 사람은 모두 해후를 만들었다. 그것들은 모두 아름답고 슬픈 삶의 양식이 되어 내 발아래 샘물처럼 고였다. 그래서 시는 나의 숨길 수 없는 이력서고 지나간 시절의 나의 흑백 사진이 되었다. 그 흑백 사진 앞에서 나는 울기도 하고 웃기도 한다.

　그동안 낸 16권의 시집들 속에서 더러는 4, 5편, 더러는 2, 3편씩을 가려 뽑았다. 뽑으며 읽다 보니 어떤 시는 아직도 내 체온이 고스란히 남아 있기도 하고 어떤 시는 내가 문밖으로 내쫓아 버린 시도 있다. 그러나 내쫓아 버린 시라고 내 시가 아니랴. 손가락 열 개가 다 내 것이듯, 못생긴 시 또한 다 같이 보듬고 싶은 자식들임에는 틀림이 없다. 탕자라고 어찌 자식이 아니랴.

다만, 이 시선의 첫 두 작품 「당신이라는 말이 없으면 누구에게 그립다고 전하랴」와 「노래마다 눈물이 묻어 있다」는 시선 작업을 끝낸 뒤 남은 마음의 여운으로 쓴 것이다. 여러 권의 시집들을 차례로 읽으면서 마음속에 몰려오는 이슬비 같은 물방울이 이 두 편의 시를 쓰게 한 것 같다. 그러기에 이 두 편은 미발표 창작시이다. 이 시집의 쉰한 편의 시들을 마음으로 읽어주는 사람 있다면 나는 밤을 도와 그를 만나러 가리라.
　옛집의 초옥 뒤뜰로 설핏설핏 흰 눈발이 비친다. 시를 쓴 지 마흔 해의 흔적을 무연히 돌아볼 수 있게 해 준 <시인생각>에 감사한다.

　　　　　　　비슬산 기슭에 함박눈 내린 계사년癸巳年 정초正初
　　　　　　　여향예원에서 이 기 철

■ 차 례 ——— 노래마다 눈물이 묻어 있다

시인의 말

1 자주 한 생각

당신이라는 말이 없으면
  누구에게 그립다고 전하랴   13

노래마다 눈물이 묻어 있다   14

자주 한 생각   15

별까지는 가야 한다   16

나는 생이라는 말을 얼마나 사랑했던가   18

여기에 우리 머물며   19

언제 삶이 위기 아닌 적 있었던가   20

풀잎   21

시   22

생의 노래   24

마음속 푸른 이름   26

한국대표명시선100 이 기 철

2 아름답게 사는 길

아름답게 사는 길　31
월동엽서　32
생가　33
그렇게 하겠습니다　35
이향離鄉　36
송가 −여자를 위하여　38
가을 우체국　40
나무는 왜 꽃을 피우나　41
사랑하는 사람은 시월에 죽는다　42
열매 떨어지는 소리는 지상의 악기 소리다　43
사람의 이름이 향기이다　44

3 내가 바라는 세상

산에서 배우다 47
멱라의 길 1 48
유리에 묻는다 50
벚꽃 그늘에 앉아보렴 52
내가 바라는 세상 54
햇볕이 되었거나 노을이 되었거나 56
민들레 꽃씨 57
따뜻한 책 58
사람과 함께 이 길을 걸었네 59

4 사람의 이름이 향기이다

좋은 날이 오면　63
푸른 날　64
하행선　65
물 긷는 사람　66
아름다운 사람　68
마흔 살의 동화　70
아름다움은 작아서　72
도라지꽃처럼　73
2월　74
꽃잎은 오늘도 지면서 붉다　76

5 들판은 시집이다

들판은 시집이다　81
추운 것들과 함께　82
봄길과 동행하다　84
저물어 그리워지는 것들　86
웃는 꽃　87
애인들은 모두 필라델피아로 간다　88
작은 이름 하나라도　90
지금 하고 싶은 말　92
울산에 가면　94

이기철 연보　95

1

자주 한 생각

당신이라는 말이 없으면
누구에게 그립다고 전하랴

늘 그랬었지요 바람이 불면 나뭇잎보다 내가 먼저 흔들렸지요

따스한 어둠의 옷을 입고 별은 뜬다고 말하고 싶은 날이 적지는 않았지요

저녁새들 조잘대는 소리에 묻혀 당신의 목소리가 들리지 않네요

더 멀리 가서 옷깃 세우고 귀 기울이겠습니다

당신이라는 말이 없으면 누구에게, 짧게

이 세상 지나간 사람 한 번씩은 다 한 말로 그립다고 말 전할 수 있겠어요

노래마다 눈물이 묻어 있다

떠나간 사람은 이별을 만들고
다시 만난 사람은 해후를 만든다
눈물은 꽃잎을 만들지 못해도
꽃잎은 눈물을 만드는 날이 있다
사랑은 떠나갈 때 가장 아름다운 것
이별을 흔드는 조그만 손짓은
인간이 만든 가장 아름다운 인사
눈망울과 입술과 표정이 작별을 만들 때
울음은 가장 순수한 발명품
이 표절할 수 없는 의식은
누구의 음악으로 다시 태어나는 것일까
그러기에 노래마다 눈물이 묻어 있다

자주 한 생각

내가 새로 닦은 땅이 되어서
집 없는 사람의 집터가 될 수 있다면
내가 빗방울이 되어서
목 타는 밭의 살을 적시는 여울물로 흐를 수 있다면
내가 바지랑대가 되어서
지친 잠자리의 날개를 쉬게 할 수 있다면
내가 음악이 되어서
슬픈 사람의 가슴을 적시는 눈물이 될 수 있다면
아, 내가 뉘 집 창고에 과일로 쌓여서
향기로운 향기로운 술이 될 수 있다면

별까지는 가야 한다

우리 삶이 먼 여정일지라도
걷고 걸어 마침내 하늘까지는 가야 한다
닳은 신발 끝에 노래를 달고
걷고 걸어 마침내 별까지는 가야 한다

우리가 깃든 마을엔 잎새들 푸르고
꽃은 칭찬하지 않아도 향기로 핀다
숲과 나무에 깃들인 삶들은
아무리 노래해도 목쉬지 않는다
사람의 이름이 가슴으로 들어와
마침내 꽃이 되는 걸 아는 데
나는 쉰 해를 보냈다
미움도 보듬으면 노래가 되는 걸 아는 데
나는 반생을 보냈다

나는 너무 오래 햇볕을 만졌다
이제 햇볕을 뒤로하고 어둠 속으로 걸어가
별을 만져야 한다
나뭇잎이 짜 늘인 그늘이 넓어
마침내 그것이 천국이 되는 것을

나는 이제 배워야 한다

먼지의 세간들이 일어서는 골목을 지나
성사聖事가 치러지는 교회를 지나
빛이 쌓이는 사원을 지나
마침내 어둠을 밝히는 별까지는
나는 걸어서 걸어서 가야 한다

나는 생이라는 말을 얼마나 사랑했던가

내 몸은 낡은 의자처럼 주저앉아 기다렸다
그리움에 발 담그면 병이 된다는 것을
일찍 안 사람은 현명하다
나, 아직도 사람 그리운 병 낫지 않아
낯선 골목 헤맬 때
어깨 때리는 바람소리 귓가에 들린다
별 돋아도 가슴 뛰지 않을 때까지 살 수 있을까
꽃잎 지고 나서 옷깃에 매달아 둘 이름 하나 있다면
아픈 날 지나 아프지 않은 날로 가자
없던 풀들이 새로 돋고
안 보이던 꽃들이 세상을 채운다
아, 나는 생이라는 말을 얼마나 사랑했던가
그러나 지상의 모든 것들은 한 번은 생을 떠난다
저 지붕들, 얼마나 하늘로 올라가고 싶었을까
이 흙먼지 밟고 짐승들, 병아리들 다 떠날 때까지
병을 사랑하자, 삶을 사랑하자
그 병조차 떠나고 나면, 우리
무엇으로 밥 먹고 무엇으로 그리워할 수 있느냐

여기에 우리 머물며

풀꽃만큼 제 하루를 사랑하는 것은 없다
얼마큼 그리움에 목말랐으면
한 번 부를 때마다 한 송이 꽃이 필까
한 송이 꽃이 피어 들판의 주인이 될까

어디에 닿아도 푸른 물이 드는 나무의 생애처럼
아무리 쌓아 올려도 무겁지 않은 불덩이인 사랑

안 보이는 나라에도 사람이 살고
안 들리는 곳에서도 새가 운다고
아직 노래가 되지 않은 마음들이 삶을 깁지만
상처 없는 영혼이 어디 있느냐고
보석이 된 상처들은 근심의 거미줄을 깔고 앉아 노래한다

왜 흐르느냐고 물으면 강물은 대답하지 않고
산은 침묵의 흰 새를 들 쪽으로 날려보낸다

어떤 노여움도 어떤 아픔도
마침내 생의 향기가 되는
근심과 고통 사이
여기에 우리 머물며

언제 삶이 위기 아닌 적 있었던가

언제 삶이 위기 아닌 적 있었던가
껴입을수록 추워지는 것은 시간과 세월뿐이다
돌의 냉혹, 바람의 칼날, 그것이 삶의 내용이거니
생의 질량 속에 발을 담그면
몸 전체가 잠기는 이 숨 막힘
설탕 한 숟갈의 회유에도 글썽이는 날은
이미 내가 냉혹 앞에 무릎 꿇은 날이다
슬픔이 언제 신음 소릴 낸 적 있었던가
목조계단처럼 쿵쿵거리는, 이미 내 친구가 된 고통들
그러나 결코 위기가 우리를 패망시키지는 못한다
내려칠수록 날카로워지는 대장간의 쇠처럼
매질은 따가울수록 생을 단련시키는 채찍이 된다
이것은 결코 수식이 아니니
고통이 끼니라고 말하는 나를 욕하지 말라
누군들 근심의 힘으로 밥 먹고
수심의 디딤돌을 딛고 생을 건너간다
아무도 보료 위에 누워 위기를 말하지 말라
위기의 삶만이 꽃피는 삶이므로

풀잎

초록은 초록만으로 이 세상을 적시고 싶어한다
작은 것들은 아름다워서
비어 있는 세상 한켠에 등불로 걸린다
아침보다 더 겸허해지려고 낯을 씻는 풀잎
순결에는 아직도 눈물의 체온이 배어 있다
배춧값이 폭등해도 풀들은 제 키를 줄이지 않는다
그것이 풀들의 희망이고 생애이다
들 가운데 사과가 익고 있을 때
내 사랑하는 사람은 자기만의 영혼을 이끌고
어느 불 켜진 집에 도착했을까
하늘에서 별똥별 떨어질 때
땅에서는 풀잎 하나와 초록 숨 쉬는
갓난아기 하나 태어난다
밤새 아픈 꿈 꾸고도 새가 되어 날아오르지 못하는
내 이웃들
그러나 누가 저 풀잎 앞에서 짐짓
슬픈 내일을 말할 수 있는가
사람들이 따뜻한 방을 그리워할 때
풀들은 따뜻한 흙을 그리워한다

시

성공하려고 시를 쓴 건 아니다
물살같이 가슴에 아려오는 것 있어 시를 썼다
출세하려고 시를 쓴 건 아니다
슬픔이 가슴을 엘 때 그 슬픔 달래려고
시를 썼다
내 이제 시를 쓴 지 삼십 년
돌아보면 돌밭과 자갈밭에 뿌린 눈물 흔적
지워지지 않고 있지만
나는 눈물을 이슬처럼 맑게 헹구고
아픈 발을 보료처럼 쓰다듬으며 걸어왔다
발등에 찬 눈 흩날려도
잃어버린 것의 이름 불러 등을 토닥이며 걸어왔다
읽은 책이 모두 별이 되는 것은 아니었다
지식이란 부스럼투성이의 노인에 다가가는 것
앎은 오히려 저문 들판처럼 나를 어둠으로 몰고 갔으니

그러나 노래처럼 나를 불러주는 것
이기는 일보다 지는 일이 더 아름다움을
깨우쳐 준 것은 시뿐이다
나무처럼 내 물음에 손 흔들어 주는 것은

시뿐이다
고요의 힘인, 삶의 탕약인

생의 노래

움 돋는 나무들은 나를 황홀하게 한다
흙 속에서 초록이 돋아나는 걸 보면 경건해진다
삭은 처마 아래 내일 시집갈 처녀가 신부의 꿈을 꾸고
녹슨 대문 안에 햇빛처럼 밝은 아이가
잠에서 깨어난다

사람의 이름과 함께 생애를 살고
풀잎의 이름으로 시를 쓴다
세상의 것 다 녹슬었다고 핍박하는 것
아직 이르다
어느 산기슭에 샘물이 솟고
들판 가운데 풀꽃이 씨를 익힌다

절망을 두려워하는 사람들이
지레 절망을 노래하지만
누구나 마음속에 꽃잎 하나씩은 지니고 산다
근심이 비단이 되는 하루
상처가 보석이 되는 한 해를 노래할 수 있다면
햇살의 은실 풀어 내 아는 사람에게
금박 입혀 보내고 싶다

내 열 줄 시가 아니면 무슨 말로
손수건만 한 생애가 소중함을 노래하리
초록에서 숨 쉬고 순금의 햇빛에서 일하는
생의 향기를 흰 종이 위에 조심히 쓰며

마음속 푸른 이름

아직 이르구나
내 이 지상의 햇빛, 지상의 바람 녹슬었다고 슬퍼하는 것은
아직 이르구나
내 사람들의 마음 모두 재가 되었다고
탄식하는 것은

수평으로 나는 흰 새의 날개에 내려앉는
저 모본단 같은 구름장과
우단 같은 바람 앞에 제 키를 세우는 상수리나무들
꿈꾸는 유리 강물
햇볕 한 움큼씩 베어 문 나생이 잎새들
마음 열고 바라보면 아직도 이 세상 늙지 않아
외출할 때 돌아와 부를 노래만은
언제나 문고리에 매어둔다

이제 조그맣게 속삭여도 되리라
 내일 아침에는 이 봄에 못 피었던 수제비꽃 한 송이 길옆에 피고
수제비꽃 옆에 어제까지 없던 우체국이 하나
 새로 지어질 것이라고,

내 귓속말로 전해도 되리라
오늘 태어나는 아이가 내일 아침에는 주홍신을 신고
가장 따뜻한 말을 싸서 부치러
우체국으로 갈 것이라고

2

아름답게 사는 길

아름답게 사는 길

그 작은 향내를 맡고
무밭까지 날아온 가난한 나비처럼
보리밭 뒤에 피어난
철 이른 패랭이꽃처럼
여름밤 화톳불 가에서 듣던
별형제 이야기처럼
개나리꽃에도 눈부셔
마을 앞길을 쫓아가는 병아리처럼

월동엽서

순이, 손을 몇 번 불어서 그 겨울은 지나갔나
미나리 잎새 얼어서 얼음 밑에 묻혀 있던 그 겨울
장작개비 책보에 얹고 가던 등굣길
소백산맥 끝 웅크린 골짜기
너는 전근 가는 아버질 따라 진주ㄴ가 사천인가로
닳은 고무신을 끄을며 떠났지만
얼음이 얼다 녹던 축축한 멧부리에 앉아
마른 잔디만 집어 뜯던 나는 지금
허언을 괴로워하는 삐걱이는 강의실 계단을 오르내린다
스물이 지나 서른이 되어서 너의 그 검정치마도
세상 따라 모양이 달라졌겠지만
진주ㄴ가 사천인가의 언덕 아래 조그만 마을에서
너는 이제 두 번째 아이를 낳고
들길에 나가 너의 아이들에게
새로 핀 꽃 이름을 가르치고 있는가
이 겨울에 난로 꺼지면 나는 양말을 갈아 신고
저 죽은 풀빛의 들판이나 밟으면서
겨울의 가장 따뜻한 곳으로 걸어가야겠다
눈이 내리면 다시 시린 손을 불며

생가

이곳에 오면
서쪽 길이 잘 보인다
무너진 다릿목도 보이고
다릿목에서 죽은
물새의 꿈도 보인다

백 년 전에 핀
안개꽃이 보이고
동구 밖에 묻힌
흰 달빛도 보인다

이곳에 오면
늙은 느티나무의 생애가
보이고
서쪽 길이 잘 보이고
가을에 우는 새의
그리움이 잘 보인다

그렇게 하겠습니다

내 걸어온 길 뒤돌아보며
나로 하여 슬퍼진 사람에게 사죄합니다
내 밟고 온 길
발에 밟힌 풀벌레에 사죄합니다
내 무심코 던진 말 한마디에 상처받은 이
내 길 건너며 무표정했던 이웃들에
사죄합니다
내 작은 앎 크게 전하지 못한 교실에
내 짧은 지식 신념 없는 말로
강요했던 학생들에 사죄합니다

또 내일을 맞기 위해선
초원의 소와 순한 닭을 먹어야 하고
들판의 배추와 상추를 먹어야 합니다

내 한 포기 꽃나무도 심지 않고
풀꽃의 아름다움만 탐한 일
사죄합니다
저 많은 햇빛 공으로 쏘이면서도
그 햇빛에 고마워하지 않은 일

사죄합니다

살면서 사죄하면서 사랑하겠습니다
꼭 그렇게 하겠습니다

이향離鄕

제대를 하고 대학을 졸업하면
나는 개나리꽃이 한 닷새 마을의 봄을 앞당기는
산란초 뿌리 풀리는 조그만 시골에서
시나 쓰는 가난한 서생이 되어 살려고 생각했다
고급 장교가 되어 있는 국민학교 동창과 개인회사 중역이 되어 있는 어릴 적 친구들이 모두 마을을 떠날 때
나는 혼자 다시 이 마을로 돌아와 탱자나무 울타리를 손질하는 초부樵夫가 되어 살려고 생각했다
눈 속에서 지난해 지워진 쓴냉이 잎새가 새로 돋고
물레방앗간 뒤쪽에 비비새가 와서 울면
간호원을 하러 독일로 떠난 여자 친구의 항공엽서나 기다리며
잠처럼 조용한 풍금 소리를 듣는 2급 정교사가 되어 살려고 생각했다
용서할 줄 모르는 시간은 물처럼 흘러갔고
놀 속에 묻히는 봄보리들의 침묵이 무섭게 나를 위협했을 때
관습의 신발 속에 맨발을 꽂으며 나는
눈에 익은 돌멩이들의 정분을 거역하기 시작했다
염소들 불러 모으는 비읍의 말들과

부피가 작은 몇 권의 국정교과서를 거역했다
 뒷산에 홀로 누운 할아버지의 산소를 한 번만 바라보았고
 그리고는 뛰는 버스에 올라 도시 속의 먼지가 되었다
 봄이 오면 아직도 그 골의 물소리와 아이들의 자치기 소리가
 도시의 옆구리에 잠든 나의 꿈속에
 배달되지 않는 엽신으로 녹아 문지방을 울리며 흐르고 있다

송가
— 여자를 위하여

너를 이 세상의 것이게 한 사람이 여자다
너의 손가락이 다섯 개임을 처음으로 가르친 사람
너에게 숟가락질과 신발 신는 법을 가르친 사람이 여자다
생애 동안 일만 번은 흰 종이 위에 써야 할
이 세상 오직 하나뿐인 네 이름을 모음으로 가르친 사람
태어나 최초의 언어로, 어머니, 라고 네 불렀던 사람이 여자다
네 청년이 되어 처음으로 세상에 패배한 뒤
술 취해 쓰러지며 그의 이름 부르거나
기차를 타고 밤 속을 달리며 전화를 걸 사람도 여자다
그를 만나 비로소 너의 육체가 완성에 도달할 사람
그래서 종교와 윤리가
열 번 가르치고 열 번 반성케 한
성욕과 쾌락을 선물로 준 사람도 여자다
그러나 어느 인생에도 황혼은 있어
네 걸어온 발자국 세며 신발에 묻은 진흙을 털 때
이미 윤기 잃은 네 가슴에 더운 손 얹어 줄 사람도 여자다
너의 마지막 숨소리를 듣고

깨끗한 베옷을 마련할 사람
그 겸허하고 숭고한 이름인
여자

*) 처음 발표(현대문학) 땐 제목을 '여자'로, 다음번 시집에 넣을 땐 '송가'로, 그 다음번엔 '여자라는 나무'로 했다가 마지막으로 현재의 제목이 됨.

가을 우체국

외롭지 않으려고 길들은 우체국을 세워놓았다
누군가가 배달해 놓은 가을이 우체국 앞에 머물 때
사람들은 저마다 수신인이 되어
가을을 받는다
우체국에 쌓이는 가을 엽서
머묾이 아름다운 발목들
은행나무 노란 그늘이 우체국을 물들이고
더운 마음에 굽혀 노랗거나 붉어진 시간들
춥지 않으려고 우체통이 빨간 옷을 입고 있다
우체통마다 나비처럼 떨어지는 엽서들
지상의 가장 더운 어휘들이 살을 맞댄다
가을의 말이 은행잎처럼 쌓이는
가을 엽서에는 주소가 없다

나무는 왜 꽃을 피우나

들 가운데서 내가 바라는 일은
나무들의 결혼식에 초청장을 받는 일이다
이 나무와 저 나무가 서로 바라보며
건네는 사랑의 말을 귀담아 듣는 일이다
나무도 때로 결혼하고 싶을 것이다
그래서 때론 붉게 때론 희게 마음을 물들이는 것이다
벌과 나비는 그 말이 즐거워 나무 주위를 날아다닌다
들 가운데서 내가 가장 하고 싶은 일은
나무의 결혼식에 가서
나비의 축하와 벌의 축전을 대신 읽어주는 일이다
그 뒤에 선 큰 나무의 주례사를 듣는 일이다
열매는 이 나무와 저 나무가 함께 낳은 딸이라고
땅에다 쓰는 일이다

그래서 들판에서는
내 귀가 온통 꽃나무에게로 쏠려 있다

사랑하는 사람은 시월에 죽는다

시월은 반짝이는 유리조각으로 내 발등을 찌른다
아픈 사람이 더 아프고 울던 벌레가 더 길게 운다

시월엔 처음 밟는 길이 오래전에 온 길 같고
나에겐 익숙한 작별들이 한 번 더 이별의 손을 흔든다

노랑 양산을 펴들고 있는 저 은행나무에게도
푸름은 연애였을 것이다

초록으로는 다 말 못한 사연
마침내 붉게 붉게 태우고 싶을 것이다

아무도 귀뚜라미의 충고를 귀담아듣지 않을 때
벌레 울음 아니면 누가 한 해를 돌 틈에 끼워둘 것인가

  유독 나에게만 범람하는 가을엔 핏줄이 다 보이는 시를 읽고
  정맥을 끊어 백지에 시를 쓴다

  사랑하는 사람은 모두 시월에 죽는다

열매 떨어지는 소리는 지상의 악기 소리다

열매 떨어지는 소리는 지상의 악기 소리다

설핏 돌아보는 가을의 낯이 취객처럼 붉다

몸을 숨긴 벌레 울음이 풀숲 뒤에서 대패질 소리를 낸다

모본단 옷으로 갈아입고 바쁘게 지나가는 햇살

그늘 속으로 발을 굴리며 떨어지는

열매는 실로폰 소리를 낸다

사람의 이름이 향기이다

아름다운 내일을 기다리기에
사람들은 슬픔을 참고 견딘다

아름다운 내일이 있기에
풀잎이 들판에 초록으로 피어나고

향기로운 내일이 있기에
새들은 하늘에 노래를 심는다

사람이 사람 생각하는 마음만큼
이 세상 아름다운 것은 없다

아름다운 사람의 이름이 노래가 되고
향기로운 사람의 얼굴이 꽃이 된다

이름 부를 사람 있기에
이 세상 넉넉하고

그리워할 사람 있기에
우리 삶 부유하다

3

내가 바라는 세상

산에서 배우다

어제는 온돌에서 자고 오늘은 한기寒氣의 산을 오르다
잎새들이 비워놓은 길이 너무 넓어
내 몸이 더욱 작아진다
내 신발 소리에도 자주 놀라는 산길에선
내 마음의 주인이 이미 내가 아니다

10월의 포만한 얼굴에서 나는 연민을 읽지 않는다

누가 다 떼어갔는지 산의 이불인 초록이 없다
자장慈藏이면 이곳에 지팡이를 꽂고
대웅전 주춧돌을 놓았으리라
그러나 범연한 눈으로는
햇볕 아래 서까래를 걸 데가 없다

경전의 글자가 흐려서 책장을 덮는 밤에는
스스로 예지를 밝히는 저녁별이 스승이다
겨울을 예감한 나뭇잎들이 나보다 먼저
뿌리 쪽으로 떨어져 내린다
나는 돌을 차며 비로소 산의 무언을
채찍으로 배운다

멱라의 길 1

걸어가면 지상의 어디에 멱라*가 흐르고 있을 것인데
나는 갈 수 없네, 산 첩첩 물 중중
사람이 수자리 보고 짐승의 눈빛 번개 쳐
갈 수 없네
구강 장강 물 굽이치나 언덕 무너뜨리지 않고
낙타를 탄 상인들은 욕망만큼 수심도 깊어
이 물가에 사금파리 같은 꿈을 묻었다
어디서 이소離騷* 한 가닥 바람에 불려오면
내 지상에서 얻은 병 모두 쓸어 저 강물에 띄우겠네

발목이 시도록 걸어가는 나날은
차라리 삶의 보석을 갈무리한다고
상강으로 드는 물들이 뒤를 돌아보며 주절대지만
문득 신발에 묻은 흙을 보며 멱라의 길이 꿈 밖에 있음을
깨닫고
혼자 피었다 지는 꽃 한 송이에 눈 닿는 것도
이승의 인연이라 생각한다

일생이 아름다워서 아람다운 사람은 없다
일생이 노역과 상처 아문 자리로 얼룩져 있어도

상처를 길들이는 마음 고와서 아름다운 사람은 있다
때로 삶은 우리의 걸음을 비뚤어지게 하고
독 묻은 역설을 아름답게 하지만
멱라 흐르는 물빛이 죽음마저도 되돌려주지는 못한다
아무도 걸어온 제 발자국 헤아린 자 없어도
발자국 뒤에 남은 혈흔 쌓여
한 해가 되고 일생이 된다

*) 멱라 : 중국 호남성에 있는 강, 초나라의 시인 굴원이 억울함을 못 이겨 빠져 죽은 강.
*) 이소 : 시름을 만난다는 뜻. 굴원의 시의 제목.

유리에 묻는다

나는 언제 피는 꽃처럼 육체를 향기로 가득 채울 수 있을 것인가

나는 언제 계절처럼 찬란하게 옷 갈아입을 수 있을 것인가

높은 곳으로는 못 올라가는 시냇물처럼

나는 언제 바닥이 더 즐거운 물의 마음이 될 것인가

나는 언제 살 속에 집을 짓고

수정水晶의 영혼을 그 안에 앉힐 수 있을 것인가

나는 언제 해골의 물을 마시고 하룻밤 사이에 득도할 수 있을 것인가

내 문득 유리에 닿는 날

나는 모든 병자에게 입 맞추고 거지에 무릎 꿇을 수 있을 것인가

나는 언제 한 개의 삽으로 남산을 옮길 수 있을 것인가

나는 다만 하나의 시인으로

풀잎처럼 세상 가운데 흔들리며 흔들리며 저물 것인가

벚꽃 그늘에 앉아보렴

벚꽃 그늘 아래 잠시 생애를 벗어놓아 보렴
입던 옷 신던 신발 벗어놓고
누구의 아비 누구의 남편도 벗어놓고
햇살처럼 쨍쨍한 맨몸으로 앉아보렴
직업도 이름도 벗어놓고
본적도 주소도 벗어놓고
구름처럼 하이얗게 벚꽃 그늘에 앉아보렴
그러면 늘 무겁고 불편한 오늘과
저당 잡힌 내일이
새의 날개처럼 가벼워지는 것을
알게 될 것이다

벚꽃 그늘 아래 한 며칠
두근거리는 생애를 벗어놓아 보렴
그리움도 서러움도 벗어놓고
사랑도 미움도 벗어놓고
바람처럼 잘 씻긴 알몸으로 앉아 보렴
더 걸어야 닿는 집도
더 부서져야 완성되는 하루도
동전처럼 초조한 생각도

늘 가볍기만 한 적금통장도 벗어놓고
벚꽃 그늘처럼 화안하게 앉아 보렴

그러면 용서할 것도 용서받을 것도 없는
우리 삶
벌떼 잉잉거리는 벚꽃처럼
넉넉하고 싱싱해짐을 알 것이다
그대 흐린 삶이 노래처럼 즐거워지기를 원하거든
이미 벚꽃 스친 바람이 노래가 된
벚꽃 그늘에 앉아 보렴

내가 바라는 세상

이 세상 살면서 내가 하고 싶은 일은
사람이 많이 다니는 길가에 꽃모종을 심는 일입니다
한 번도 이름 불리지 않은 꽃들이 길가에 피어나면
지나가는 사람들이 그 꽃을 제 마음대로 이름 지어 부르게 하는 일입니다
아무에게도 이름 불리지 않은 꽃이 혼자 눈시울 붉히면
발자국 소리를 죽이고 그 꽃에 다가가
시처럼 따뜻한 이름을 그 꽃에 달아주는 일입니다
부리가 하얀 새가 와서 시의 이름을 단 꽃을 물고 하늘을 날아가면
그 새가 가는 쪽의 마을을 오래오래 바라보는 일입니다
그러면 그 마을도 꽃처럼 예쁜 이름을 처음으로 달게 되겠지요

그러고도 내가 하고 싶은 일이 남아있다면, 그것은
이미 꽃이 된 사람의 마음을 시로 읽는 일입니다
마을마다 살구꽃 같은 등불 오르고
식구들이 저녁상 가에 모여앉아 꽃물 든 손으로 수저를 들 때

식구들의 이마에 환한 꽃빛이 비치는 것을 바라보는 일
입니다
 어둠이 목화송이처럼 내려와 꽃들이 잎을 포개면
 그날 밤 갓 시집온 신부는 꽃처럼 아름다운 첫아일 가질
것입니다
 그러면 나 혼자 베갯모를 베고 그 소문을 화신처럼 듣는
일입니다

햇볕이 되었거나 노을이 되었거나

 들판에 흩어져 피는 꽃들에 하나하나 이름을 붙여놓은 사람들은 어언 제 이름도 꽃이 되었거나 꽃술에 취해 잠든 나비가 되었거나

 한 해 봄에서 가을까지 날아가도 제 그리움에 닿지 못한 작은 새들에 이름을 붙여준 사람들은 제 이름도 어언 새가 되었거나 오리나무 가지에서 우는 새의 울음이 되었거나

 도라지꽃을 피워놓고 혼자 잠든 산과 산에 그 키와 봉우리에 알맞은 이름을 붙여놓은 사람들은 벌써 산이 되었거나 산을 씻으며 흘러가는 강물이 되었거나

 산 너머 또 산 너머 잠들어 있는 마을에 제가끔 이름을 붙여준 사람들은 벌써 제 이름도 햇볕이 되었거나 햇볕의 마지막 숨소리인 노을이 되었거나

민들레 꽃씨

날아가 닿는 곳 어디든 거기가 너의 주소다
조심 많은 봄이 어머니처럼 빗어준 단발머리를 하고
푸른 강물을 건너는 들판의 막내둥이 꽃이여
너의 생일은 순금의 오전
너의 본적은 햇빛 많은 초록 풀밭이다
달려가도 잡을 수 없던 어린 날의 희망
열다섯 처음 써 본 연서 같은 꽃이여
너의 영혼 앞에서 누가 짐짓 슬픔을 말할 수 있느냐
고요함과 부드러움이 세상을 이기는 힘인 것을
지향도 목표도 없이 떠나는 너는
가장 큰 자유를 지닌 풀밭 위의 나그네
보오얀 몸빛, 버선 신은 한국 여인의 모시적삼 같은 꽃이여
너는 이 지상의 가장 깨끗한 영혼
공중을 날아가도 몸이 음표인
땅 위의 가장 아름다운 소녀들

따뜻한 책

행간을 지나온 말들이 밥처럼 따뜻하다
한마디 말이 한 그릇 밥이 될 때
마음의 쌀 씻는 소리가 세상을 씻는다
글자들의 숨 쉬는 소리가 피 속을 지날 때
글자들은 제 뼈를 녹여 마음의 단백이 된다
서서 읽는 사람아
내가 의자가 되어줄 게 내 위에 앉아라
우리 눈이 닿을 때까지 참고 기다린 글자들
말들이 마음의 건반 위를 뛰어다니는 것은
세계의 잠을 깨우는 언어의 발자국 소리다
엽록처럼 살아있는 예지들이
책 밖으로 뛰어나와 불빛이 된다
글자들은 늘 신생을 꿈꾼다
마음의 쟁반에 담기는 한 알 비타민의 말들
책이라는 말이 세상을 가꾼다

사람과 함께 이 길을 걸었네

사람과 함께 이 길을 걸었네
꽃이 피고 소낙비가 오고 낙엽이 흩어지고 함박눈이 내렸네
발자국이 발자국에 닿으면
어제 낯선 사람도 오늘은 낯익은 사람이 되네
오래 써 친숙한 말로 인사를 건네면
금세 초록이 되는 마음들
그가 보는 하늘도 내가 보는 하늘도 다 함께 푸르렀네
바람이 옷자락을 흔들면 모두는 내일을 기약하고
밤에는 별이 뜨리라 말하지 않아도 믿었네
집들이 안녕의 문을 닫는 저녁엔
꽃의 말로 안부를 전하고
분홍신 신고 걸어가 닿을 내일이 있다고
마음으로 속삭였네
불 켜진 집들의 마음을 나는 다 아네
오늘 그들의 소망과 내일 그들의 기원을 안고
사람과 함께 이 길을 걸어가네

4

사람의 이름이
향기이다

좋은 날이 오면

좋은 날이 오면 아름다운 서정시 한 편 쓰리라
바라보기도 눈부신 좋은 날이 마침내 오기만 하면
네 맘 내 맘 모두 출렁이는 강물이 되는
기쁜 서정시 한 편 쓰고야 말리라
그때가 되면, 끝없는 회의의 글을 읽고
빈민의 숟가락 들지 않아도 되리라
돌 별 하늘 꽃나무만 노래해도 되리라
피 노호 상처 고통을 맑은 물에 헹궈
얼굴 맑은 누이 이름처럼 불러도 되리라
금빛 날을 짜서 만든 찬란한 한낮처럼
오래가는 메아리처럼, 즐거운 추억처럼
루비 호박 에메랄드 사파이어처럼
잠을 밀어내는 젊은 날의 약속처럼
아, 좋은 날이 오면 잊었던 노래 한 구절
들 가운데서 불러보리라
이름 부르기조차 설레는 좋은 날이
대문과 지붕 위에 빛으로 덮이기만 하면

푸른 날

이렇게 하늘이 푸르른 날은
너의 이름 부르기도 황홀하여라

꽃같이 강물같이 아침빛같이
멀린 듯 가까이서 다가오는 것

이렇게 햇살이 투명한 날은
너의 이름 쓰는 일도 황홀하여라

하행선

삶의 노래는 작게 불러야 크게 들립니다
상춧단 씻는 물이 맑아서 새들은 놀을 물고 둥지로 돌아오고
나생이 잎이 돋아 두엄 밭이 향기롭습니다

지은 죄도 씻고 씻으면 아카시아 꽃처럼 희게 빛납니다
먹은 쌀과 쑥갓 잎도 제 하나 목숨일 때
열매를 먹고 뿌리를 자르는 일 죄 아니겠습니까

기차도 서지 않는 간이역 지나며
오늘도 죄 한 겹 벗어 창밖으로 던집니다

몸 하나가 땅이고 하늘인 사람들은
땀방울이 집이고 밥이지만 삶은 천장이 너무 높아
그들은 삶을 큰소리로 말하지 않습니다

이제 기운 자리가 너무 커서 더 기울 수도 없는 삶을
인생이라 이름 부르며 온돌 위에 눕힙니다

급히 지난 마을과 능선들은
기억 속에서는 불빛이고 잊혀지면 이슬입니다

물 긷는 사람

새벽에 물 긷는 사람은
오늘 하루 빛나는 삶을 예비하는 사람이다

내를 건너는 바람소리 포플러 잎에 시릴 때
아미까지 내려온 머리카락 손으로 걷어 올리며
새벽에 물 긷는 사람은
땅의 더운 피를 길어 제 삶의 정수리에
퍼붓는 사람이다

풀잎들의 귀가 아직 우레를 예감하지 못할 때
산의 더운 혈맥에서 솟아나는
새벽의 물 긷는 사람은
햇살이 눈 부신 아침 쟁반에 제 하루를 담아
저녁의 편안을 마련하는 사람이다

나무들도 아직 이른 잠에서 깨어나지 못한
이른 새벽에
옷섶이 터질 듯 부푼 가슴을 여미며
새벽에 물 긷는 사람은
목화송이 같은 아이들과 들판 같은 남편의

하루를 예비하는 사람이다

물 긷는 사람이여, 그대 영혼의 물을 길어
마른 나뭇잎처럼 만지면 부서질 것 같은
나의 가슴에 부어다오
나는 소나기를 맞고 가시 끝에 꽃을 다는 아카시아처럼
그대 영혼의 물을 받고 피어나는
한 송이 꽃이 되련다

아름다운 사람

이 세상 아름다운 사람은 모두
제 몸속에 아름다운 하나씩의 아이를 가진다
사과나무가 햇볕 아래서 마침내
달고 시원한 사과를 달듯이
이 세상 아름다운 사람은 모두
제 몸속에 저를 닮은 하나씩의 아이를 가진다

그들이 가꾸어 온 장롱 속의 향기들이
몰래 장롱 속을 빠져나와
잠든 그들의 머리카락과 목덜미와
목화송이 같은 아랫배로 스며들어
이 세상 아름다운 사람은
이 세상의 크기에 알맞은 하나씩의 아이를 가진다

그들이 가꾸고 싶은 세상은
아침 숲처럼 신선한 기운으로 충만하다

그가 담그는 술은 길이 향기롭고
그의 치마는 햇빛 아래 서면
호랑나비가 되어 하늘로 날아간다

그의 어깨는 좁아도 그의 등 뒤에는 언제나
한 남자가 누울 휴식의 그늘이 드리워져 있다

아름다운 사람은 제 몸속의 샘물로
한 남자를 적시고
세상의 목마른 아이들을 적신다

마흔 살의 동화

먹고 사는 일 걱정되지 않으면
나는 부는 바람 따라 길 떠나겠네
가다가 찔레꽃 향기라도 스며오면
들판이든지 진흙땅이든지
그 자리에 서까래 없는 띠 집을 짓겠네
거기에서 어쩌다 아지랑이 같은 여자 만나면
그 여자와 푸성귀 같은 사랑 나누겠네
푸성귀 같은 사랑 익어서
보름이고 한 달이고 같이 잠들면
나는 햇볕 아래 풀씨 같은 아이 하나 얻겠네

먹고 사는 일 걱정되지 않으면
나는 내 가진 부질없는 이름, 부질없는 조바심,
흔들리는 의자, 아파트 문과 복도마다 사용되는
다섯 개의 열쇠를 버리겠네
발은 수챗물에 담겨도 머리는 하늘을 향해
노래하겠네
슬픔이며 외로움이며를 말하지 않는
놀 아래 울음 남기고 죽은 노루는 아름답네
수노루 만나면 등성이에서라도 새끼 배고

젖은 아랫도리 말리지 않고도
푸른 잎 속에 스스로 뼈를 묻는
산노루 되어 나는 살겠네

아름다움은 작아서

엘리베이터가 움직이지 않아도 오래 참으며 기다리는 일

공원을 거닐다 떨어진 휴지 쪽을 쓰레기통에 주워 담고 손 씻는 일

길을 걷다가 발을 멈추고 바람에 쓰러진 꽃나무 하날 일으켜 놓고 가는 일

저녁놀 바라보며 금방 날아간 새 이름이 무얼까 무얼까 오래 생각하는 일

도라지꽃처럼

무슨 사다리 놓아 너의 눈물 끝의
푸른 강에 닿을 수 있으랴
금 간 돌 위에 꽃 한 송이 피고
봄에서 가을까지 트이지 않는 길 위로
강물보다 낮은 소리로
비비새는 울면서 제 길을 갔다
제 슬픔에 져 내리는 꽃잎의 무게에도
이제 옷섶이 무거워지는 날들이 온다
밤새 가슴을 쥐어뜯던 말 한마디를
부끄럽게 너의 섬돌 위에 올려놓으려
도라지꽃처럼 파랗게 멍든 새벽길 간다
달빛에도 지워지지 않는 그리움 한 올
부질없는 말 한마디로 엮어
너에게 띄우며

2월

  2월은 어라연이나 구절리쯤에 놀다가 미루나무 가지가 건드리는 기척에 놀라 횡계 묵호를 거쳐 산청 함양 거창을 지나온 듯합니다
  무릎 어딘가에 놋대접을 올려놓고 고방에서 자꾸 방아깨비 여치 날개 소리를 꺼내 담습니다
  그냥 놔둬도 저 혼자 놀며 안 아플 햇빛을 억새 지릅으로 톡톡 건드려보는 2월 아침이 또 마당가에 와 엽서처럼 조그맣게 기다리고 있습니다
  나는 예순 해를 산 우리 집 마당이 난생처음 와 본 서양 나라 분수대 앞뜰마냥 서툴러져 두리번거리며 무언가를 자꾸 살핍니다
  나도 이 땅에 와서 아이 둘 낳고 빛 좋은 남향집 하날 언기도 했지만 세상 속으로 아이들은 헤엄쳐 나가고 나 혼자 맞는 아침은 처음 오는 햇살처럼 추웁습니다
  새 배 속으로 들어간 씨앗들도 꼼지락거리며 새똥으로 나와 다시 움틀 기세입니다
  생육이란 활발하고 무겁고 욱신거리는 모양이어서 침묵 안에서도 그 소리 다 들립니다
  이제 밥상으로 돌아가면 음악보다 아름다운 수저 소리를 들을 수 있을 것입니다

그러니 어찌 혼자라 하겠습니까 사람이 없어도 세상이 왁자지껄합니다 도저히 귀를 막을 수 없는 2월 아침입니다
 한 그릇 흰 사발에 금방 지은 따뜻한 밥을 담겠습니다 그리고 올해 처음 여는 문소리로 밖을 나가겠습니다
 2월 아침엔 작년 가을 어미나무가 아들잎새를 기다리던 그 기다림으로 하루를 열 요량입니다

꽃잎은 오늘도 지면서 붉다

오늘 내 발에 밟힌 풀잎은 얼마나 아팠을까
내 목소리에 지워진 풀벌레 노래는 얼마나 슬펐을까
내 한눈팔 때 져버린 꽃잎은 얼마나
내 무심을 서러워했을까

들은 제 가슴이 좁고 산은 제 키가 무겁지만
햇빛 비치는 곳에는
세상의 아름다운 삶도 크고 있다

길을 걸으며 나는
오늘 이 길을 걸어간 사람들을 생각한다
그들은 모두 나보다 아름다운 사람들이다
나는 그들이 걸어간 길의
낙엽 한 장도 쓸지 않았다

제 마음에도 불이 켜져 있다고
풀들은 온종일 꽃등을 피워 들고
제 마음에도 노래가 담겨 있다고
벌레들은 하루 종일 비단을 짠다

마른 풀잎은 이름만 불러도 마음이 따뜻하다
나는 노래보다 아름다운
풀꽃 이름 부르며 세상길 간다

제 몸 부서지는 소리를 들으며
나뭇잎은 땅으로 떨어지고
제 사랑 있어 세상이 밝다고
꽃잎은 오늘도 지면서 붉다

5

들판은 시집이다

들판은 시집이다

천천히 걷는 들길은 읽을 것이 많이 남은 시집이다
발에 밟히는 풀과 꽃들은 모두 시어다
오전의 햇살에 일찍 데워진 돌들
미리 따뜻해진 구름은 잊혀지지 않는 시행이다
잎을 흔드는 버드나무는 읽을수록 새로워지는 구절
뻐꾸기 울음은 무심코 떠오르는 명구다

벌들의 날개 소리는 시의 첫 행이다
씀바귀 잎을 적시는 물소리는 아름다운 끝 줄
넝쿨풀은 쪽을 넘기면서 읽는 행이 긴 구절
나비 날갯짓은 오래가는 여운이다
바람이 지나가고 나면 혼자 남는 파밭
종달새 날아오르면 아까 읽은 구절이 되살아나는
보리밭은 표지가 푸른 시집이다
갓 봉지 맺는 제비꽃은
초등학교 국어책에 나오는 동시다

벅찬 약속도 아픈 이별도 해 본 적 없는 논밭
물소리가 다 읽고 간 들판의 시집을
풀잎과 내가 다시 읽는다

추운 것들과 함께

지고 가기엔 벅찬 것이 삶일지라도
내려놓을 수 없는 것이 또한 삶이다
천인절벽 끝에서 문득 뒤돌아보는 망아지처럼
건너온 세월, 그 물살을 헤어본다 한들
누가 제 버린 발자국, 쓰린 수저의 날들을
다 기억할 수 있는가

독충이 빨아 먹어도 아직 수액은 남아 나무는 푸르다
누구의 생이든 생은 그런 것이다
세월이 할 수 있는 일은
노오란 새의 부리를 검게 만드는 일뿐

상처가 없으면 언제 생에 새살 돋으리
지나와 보면 우리가 그토록 힐난하던 시대도
수레바퀴 같은 사회도 마침내 사랑하게 된다

계절을 이긴 나무들에게
너도 아프냐고 물으면
지는 잎이 파문으로 대답한다
너무 오래 내려다보아 등이 굽은 저녁이

지붕 위에 내려와 있다

여기저기 켜지는 불빛
세상의 온돌이 더워지기 시작한다
언젠가는 그 안에서 생을 마감할 사람들도
오늘 늦가을 지붕을 인다

봄길과 동행하다

움 돋는 풀잎 외에도
오늘 저 들판에는
무슨 일이 일어나고 있는지
꽃 피는 일 외에도 오늘 저 산에는
무슨 일이 일어나고 있는지
종일 풀잎들은 초록의 생각에 빠져 있다
그때는 우리도 한 번쯤
그리움을 그리워해 볼 일이다
마을 밖으로 달려나온 어린 길 위에
네 이름도 한 번 쓸 일이다
길을 데리고 그리움을 마중하다 보면
세상이 한 번은 저물고
한 번은 밝아오는 이유를 안다
이런 나절엔 바람의 발길에 끝없이
짓밟혀라도 보았으면
꽃들이 함께 피어나는 것은
세상에서 가장 아름다운 말로
편지를 보내는 것이다
그 꽃의 언어로 편지를 쓰고
나도 너를 찾아

봄길과 동행하고 싶다
봄 속에서 길 잃고
봄 속에서 깨어나고 싶다

저물어 그리워지는 것들

나는 이 세상을 스무 번 사랑하고
스무 번 미워했다
누군들 헌옷이 된 생을
다림질하고 싶지 않은 사람 있으랴
유독 나한테만 칭얼대는 생
돌멩이는 더 작아지고 싶어서 몸을 구르고
새들은 나뭇잎의 건반을 두드리며
귀소한다

오늘도 나는 내가 데리고 가야 할 하루를 세수시키고
햇빛에 잘 말린 옷을 갈아입힌다
어둠이 나무 그림자를 끌고 산 뒤로 사라질 때
저녁밥 짓는 사람의 맨발이 아름답다
개울물이 필통 여는 소리를 내면
갑자기 부엌들이 소란해진다
나는 저녁만큼 어두워져서는 안 된다
남은 날 나는 또 한 번 세상을 미워할는지
아니면 어제보다 더 사랑할는지

웃는 꽃

일생 동안 한 번도 성내지 않는 것은 풀꽃밖에 없다. 나는 때로 풀꽃의 마음속에 들어가 붉고 노란 그의 마음에 젖는다. 풀꽃은 저의 몸을 탐내는 바람, 저의 향기를 탐내는 벌과 나비, 제가 길어 올린 수액을 빨아먹는 진딧물, 저의 대궁을 칭칭 감고 놓지 않는 뱀에게도 웃음과 방향芳香을 아끼지 않는다. 태풍에 허리를 꺾이면서도 미소를 잃지 않는 풀꽃, 풀꽃은 천사의 가슴에 단추로 반짝이는 미소다. 땅 위에 서식하는 가장 온화한 입술이다. 듣고 있으면 귀가 열리는 채색의 음계다. 그리하여 나는 없는 이름을 그의 목에 걸어준다.

보푸라기꽃, 아기잇몸꽃, 병아리발자국꽃, 손톱꽃, 단추꽃, 행주치마꽃, 아씨댕기꽃

애인들은 모두 필라델피아로 간다

라일락을
꺾어들고 애인들은 모두 필라델피아로 간다
금빛 치장을 한 거리 끝으로 델라웨어 강은 흐르고
이제 갓 사랑을 안 처녀들은 자작나무 아래서 제 애인을 기다린다
보트를 젓던 남자를 만나기 위해서는 자작나무숲이 적당하기 때문이다

자작나무 흰 둥치와 처녀의 흰 다리가 강물 위에 비친다
굴곡이 없는 자작나무의 둥치가 물결을 재우고 굴곡이 아름다운 처녀의
흰 다리가 물결을 일으킨다

자작나무 둥치에 기대어 흰 살을 맞대면 그들의 아랫도리에 힘이 솟아올라
오늘밤은 아무래도 어둠이 오기 전에 한 처녀의 폴리에스터 치마가 벗겨지리라
아름다운 사람을 만나기 위해 애인들은 모두 필라델피아로 간다

애인들의 몸이 뜨거워질 때 강물이 더워지고
씨앗들은 들판의 깊은 살 속으로 제 뿌리를 내린다
젖어 있는 풀밭에선 오늘 밤이 오기 전에 달맞이꽃이 피리라
필라델피아의 애인들은 오늘밤 모두 목화송이 같은 아이를 가지리라

작은 이름 하나라도

이 세상 작은 이름 하나라도
마음 끝에 닿으면 등불이 된다
아플 만큼 아파 본 사람만이
망각과 폐허도 가꿀 줄 안다

내 한때 너무 멀어서 못 만난 허무
너무 낯설어 가까이 못 간 이념도
이제는 푸성귀 잎에 내리는 이슬처럼
불빛에 씻어 손바닥 위에 얹는다

세상은 적이 아니라고
고통도 쓰다듬으면 보석이 된다고
나는 얼마나 오래 악보 없는 노래로 불러왔던가

이 세상 가장 여린 것, 가장 작은 것
이름만 불러도 눈물겨운 것
그들이 내 친구라고
나는 얼마나 오래 여린 말로 노래했던가

내 걸어갈 동안은 세상은 나의 벗

내 수첩에 기록되어 있는 모음이 아름다운 사람의 이름들
그들 위해 나는 오늘도 한술 밥, 한 쌍 수저
식탁 위에 올린다

잊혀지면 안식이 되고
마음 끝에 닿으면 등불이 되는
이 세상 작은 이름 하나를 위해
내 쌀 씻어 놀 같은 저녁밥 지으며

지금 하고 싶은 말

당신은 나의 음악입니다
어디에서라도 좋아하는 음악을 떠올리면
그 소리가 들리듯이 당신을 떠올리면
당신의 마음속 이야기가 내 귀에 들립니다

당신은 나의 샘물입니다
당신을 생각할 때마다 솟아나는 기쁨이
삶에 지칠 때 찾아오는 갈증들을
한 잔 한 잔 적십니다

당신은 나의 창입니다
당신을 통해 숨을 쉬고
당신을 통해 세상을 보며
당신을 통해 눈물을 알고
당신을 통해 기다림을 배웁니다

당신은 나의 시입니다
당신이 부를 때마다 나는
한 편의 시가 되어 산을 넘고 강을 건너
당신에게 달려갑니다

나무

너 살아 있었구나
봄나무여
나 너와 함께 이 땅에서 오래 참으리라

울산에 가면

울산에서도 가장 가난한 동네, 산꼭대기에는
내 사랑하는 누님이 산다
나는 해마다 달맞이꽃 철이 오면
소형차를 타고 복산동 산비알을 찾는다
울산은 갓 시집온 색시같이
만날 때마다 얼굴이 젊어진다
길이 새로 나고 건물이 새 단장을 하고
사람들의 얼굴에 미소가 넘친다
공장의 굴뚝과 담벽에도
문화의 꽃이 핀다
울산에는 내 좋아하는 문인들이 산다
어느 해 가을에는 울산에 가서
새벽까지 울산의 시와 소설을 이야기한 적도 있다
내 시름겨울 때 울산에 가면
어언 가슴에 청솔바람 일고
장생포 바다에서 뿜어 올리는
고래의 숨소리가 들린다
울산에 가고 싶다

*) 이 시는 잊힌 시였다가 2012년 10월 9일에 열렸던 울산시
 립합창단의 합창곡 제작에 의해 다시 찾게 된 시이다.

이 기 철

연 보

1943년 1월 9일, 경남 거창군 가조면 석강리(시, 「유리, 마을」에는 <석리>라 썼음)라는 작은 마을에서 부친 이명의李明儀 모친 박순주朴順朱의 5남매 중 네 번째, 형제로는 차남으로 출생.

1955년 중학 시절부터 국어 과목을 좋아해서, 국어책을 받아오는 날 하루 만에 독파, 매 학기, 교과서 수록 시들을 모두 외움. 특히 교과서 수록 시로 김광섭의 「마음」 박두진의 「나무」 「해」 등과 소월 시집 『진달래꽃』, 베를렌의 「가을의 노래」 등을 즐겨 외웠음(이 부분은 민음사 간, 자전소설 『땅 위의 날들』 1, 2장에 자세히 기록되어 있음).
소년 시절, 나무와 곤충들의 이름을 있는 이름대로 부르지 않고 스스로 지어 부르는 습관이 있었음. 그것이 후일 여러 편의 시에 나타나는 구름할미새, 눈썹새, 유리병머리새, 각시붕어, 고깔꽃, 단추꽃, 아기치마꽃 등으로 나타남.

1958년 읍내에 있는 고등학교에 진학함. 윤충묵, 박경묵 등과 친교, 평생친구가 됨.

1960년 고등학교 3학년 때 4. 19의거가 일어남, 5월에 고향인 아림(거창의 옛 이름)에서 열린 제1회 「아림예술제」의 한글시백일장에서 「새」라는 시로 장원을 함. 그 시 중 지금도 기억나는 구절은 '낮달이 흘리고 간 비명이 피가 되어 흐르는 지역에서도/ 상처 진 나래를 펴고/새는 날아야 했다'이다.

같은 해 가을, 진주에서 열리는 「개천예술제」에 참가하여 시인 박재삼, 이형기 등과 이헌구, 모윤숙, 설창수 등의 문인을 먼빛으로 보며 가슴 설렘.

1962년 대구로 나와 대학에 진학했고 이때부터 아동문학 이론가인 이재철 선생에 사사함. 1963년, 대학 2학년 때 경북대 주최 전국대학생 문예작품 현상모집에 시 「여백시초」 당선. 심사위원인 김춘수 선생을 그의 연구실에서 만남. 이어 김현승 선생에게 시를 보냈는데 추천을 받지는 못했으나 격려의 편지 받음. 그 편지가 유명 시인으로부터 받은 첫 편지임. 여름 방학 때, 서울 수색동 김현승 선생 댁을 찾아감. 선생으로부터 손수 끓여주는 커피를 얻어 마시며 선생이 말하는 보들레르의 이름을 귀담아 들음. 1964년경부터 『시문학』에 연구작품을 발표하기 시작함.

1967년 중앙일보 신춘문예에 시 「트라클의 병동」을 내어 최종심에 오름. 심사위원 조지훈, 송욱. 이해부터 1970년까지 강원도 횡성, 원주 등지에서 보병 복무, 1·21 김신조 사건으로 유격훈련, 공수훈련을 받으며 몸이 약해 두 달간 육군원주병원에 입원.

1970년 제대, 71년 대학 졸업, 이때 이재철 선생이 습작 시 두 편을 가져가 문덕수 시인에게 보냈고 그것이 계기가 되어 1972년 11월호 『현대문학』에 「5월에 들른 고향」「너와 함께」「향가시」 등의 시가 추천 완료됨.

1973년 우봉 이씨 가문의 막내딸 순남順南과 결혼.

1974년 첫 시집 『낱말추적』을 대구의 중외출판사에서 자비로 냄, 딸 수진秀眞 태어남.
같은 해, 영남대 대학원에서 「현대시의 방법론적 연구」라는 논문으로 석사학위 받음(지도 교수 박철희 ; 뒤에 서강대학으로 옮김).

1975년 아들 강협康協 태어남.

1976년부터 「자유시」 동인.

1978년 『세계의 문학』 여름호에 「청산행」「이른 봄」「동면도」 등 5편의 시를 함께 발표함. 이 시들에 대한 『조선일보』 월평(황동규)과 『현대문학』 월평(최하림)에서 격려와 충고를 함께 받음. 공인된 기관에서의 평으론 이것이 처음.

1978년 영남대 대학원 박사과정 입학하면서 포항 전문대학 전임강사가 됨.

1979년 이후, 「서쪽을 가며」「초록을 보며」「족두리꽃이 지는 날」 등 자연 친화의 시들을 『세계의 문학』에 계속 발표함.

1980년 마산대학 국문과 전임강사로 자리를 옮김.

1981년 김춘수 시인이 영남대학교 국문과 교수에서 「민정당 창당 15인 주비위원」으로 서울로 감에 따라 마산대학에서 영남대학으로 자리를 옮김.

1982년 김우창 선생의 주선으로 민음사『오늘의 시인 총서』로 시집을 내라는 연락 받고 김우창 선생을 고려대학교 교정에서 만남. 두 번째 시집『청산행』을 냄. '청산행'이라는 제목에 대해 황동규 시인은 노인 같다고 반대했으나 김우창 선생이 시의 내용에 적합하다고 하여『청산행』으로 결정, 이 해에 학위 논문을 위해 모았던 시들을 편집해『이상화 전집』을 오규옥의 문장사에서 냄.

1985년 문학과지성사에서 김주연 선생의 주선으로 세 번째 시집『전쟁과 평화』를 냄. 겨울에 일본의 동경, 츠쿠바, 교토, 나라, 나고야 등지를 아내와 함께 여행함.

1986년 영남대학에서 논문「이상화 연구」로 문학박사 학위 받음,「대구문학상」받음.

1988년 민음사에서 네 번째 시집『우수의 이불을 덮고』를 냄. 러시아, 헝가리, 체코, 독일 등 동구라파를 여행함, 대구에서 교양종합지『문화비평』을 5년간 발행하면서 대구의 기업인들을 두루 만남.

1989년 문학과비평사에서 김시태 선생의 주선으로 다섯 번째 시집『내 사랑은 해지는 영토에』를 냄.

1990년 시론집『시를 찾아서』를 박동규 선생 주선으로 심상사에서 냄.

1991년 장시집(여섯 번째 시집)『시민일기』를 우리문학사에서 냄.

1992년 『한국근대인물사, 이상화』를 동아일보사 출판부에서 냄, 제1회 후광문학상 받음.

1993년 일곱 번째 시집 『地上에서 부르고 싶은 노래』를 문학과지성사에서 냄. 이 시집으로 김수영문학상을 받음. 심사위원은 김우창, 황동규, 김영무, 김치수, 김광규.
같은 해 11월, 대구에서 금복문화예술상 받고 아울러 경북 문경에서 시행하는 도천문학상 받음, 이 해부터 2년간 대구시인협회 회장을 맡음.

1994년 소설집 『땅 위의 날들』을 민음사에서 냄. 편집부의 의도에 의해 이 소설집을 '자전소설'이라 명명함.

1995년 한국학술진흥재단으로부터 연구비를 받아 뉴욕에 있는 스토니 부룩(Stony Brook) 뉴욕 주립대학에 1년간 연구교수로 감, 뉴욕 거주 한국인 문인들과 교유하며 뉴욕 문인들에게 한국문학 강의. 아내와 함께 미국의 50개 주 중 45개 주를 자동차로 여행함. 이어 캐나다에 두 번, 멕시코에 한 번 여행함. 미국 체류 중 이영준 주간 주선으로 민음사에서 여덟 번째 시집 『열하를 향하여』를 냄.

1996년 2월, 하와이를 거쳐 귀국.

1997년 시선집 『청산행』을 민음사에서 냄.

1998년 3월, 아홉 번째 시집 『유리의 나날』을 문학과지성사에서 냄. 이 시집으로 10월에 제3회 시와시학상 받음. 심사위원 고은, 오세영, 권영민, 학술단체 「한민족어문학회」 회장을 맡음.
같은 해 7월, 시선집 『가혹하게 그리운 이름』을 좋은날에서 내고 이어 같은 출판사에서 비평집 『인간주의 비평을 위하여』를 냄.

1999년 8월, 이야기가 있는 에세이 『손수건에 싼 편지』를 모아드림에서 냄.

2000년 8월, 열 번째 시집 『내가 만난 사람은 모두 아름다웠다』를 민음사에서 냄.

2001년 11월, 위 시집으로 제1회 최계락문학상 받음.

2003년 청도군 각북면 덕촌리에 <여향예원>을 세우고 <시 가꾸는 마을>을 개설, 여기서 문학과 인생에 대한 '담론 공간'을 마련함. 이후 계속하고 있음.

2004년 6월, 열한 번째 시집 『스무 살에게』를 수밀원에서 냄.

2005년 1월, 열두 번째 시집 『가장 따뜻한 책』을 민음사에서 냄, 8월 에세이집 『쓸쓸한 곳에는 시인이 있다』를 문학동네에서 냄.

2006년 8월, 열세 번째 시집 『정오의 순례』를 애지에서 냄.

2007년 10월, 첫 번째 동시집 『나무는 즐거워』를 비룡소에서 냄.

2008년 2월, 44년(2년 10개월 12일은 군복무)의 교단생활을 마감하고 영남대학교에서 정년퇴임, 명예교수가 됨. 이 해 6월 17일부터 7월 22일까지 37일간 영국과 아일랜드 여행, 두 나라의 문학을 두루 섭렵함. 8월에 열네 번째 시집 『사람과 함께 이 길을 걸었네』를 최동호 시인 주선으로 서정시학사에서 냄.

2011년 11월, 기행 에세이집 『영국문학의 숲을 거닐다-동서양의 베를 짜다』를 푸른사상사에서 냄.

2012년 1월, 육필시집 『별까지는 가야 한다』를 지식을 만드는 지식에서 냄. 6월, 열다섯 번째 시집 『잎, 잎, 잎』을 서정시학사에서 냄.

2012년 2월, 열여섯 번째 시집 『나무, 나의 모국어』를 민음사에서 냄.

〖한국대표명시선100〗을 펴내며

한국 현대시 100년의 금자탑은 장엄하다. 오랜 역사와 더불어 꽃피워온 얼·말·글의 새벽을 열었고 외세의 침략으로 역경과 수난 속에서도 모국어의 활화산은 더욱 불길을 뿜어 세계문학 속에 한국시의 참모습을 드러내게 되었다.

이 나라는 글의 나라였고 이 겨레는 시의 겨레였다. 글로 사직을 지키고 시로 살림하며 노래로 산과 물을 감싸왔다. 오늘 높아져 가는 겨레의 위상과 자존의 바탕에도 모국어의 위대한 용암이 들끓고 있음이다.

이제 우리는 이 땅의 시인들이 척박한 시대를 피땀으로 경작해온 풍성한 시의 수확을 먼 미래의 자손들에게까지 누리고 살 양식으로 공급하는 곳간을 여는 일에 나서야 할 때임을 깨닫고 서두르는 것이다.

일찍이 만해는 「님의 침묵」으로 빼앗긴 나라를 되찾고 잃어가는 민족정신을 일으켜 세우는 밑거름으로 삼았으며 그 기룸의 뜻은 높은 뫼로 솟아오르고 너른 바다로 뻗어나가고 있다.

만해가 시를 최초로 활자화한 것은 옥중시 「무궁화를 심고자」(≪개벽≫ 27호 1922.9)였다. 만해사상실천선양회는 그 아흔 돌을 맞아 만해의 시정신을 기리는 일의 하나로 '한국대표명시선100'을 펴내게 된 것이다.

이로써 시인들은 더욱 붓을 가다듬어 후세에 길이 남을 명편들을 낳는 일에 나서게 될 것이고, 이 겨레는 이 크나큰 모국어의 축복을 길이 가슴에 새겨나갈 것이다.

만해사상실천선양회

한국대표명시선100 | 이 기 철

노래마다 눈물이 묻어 있다

1판1쇄 발행　2013년 2월 15일
1판2쇄 발행　2013년 10월 11일

지 은 이　이 기 철
뽑 은 이　만해사상실천선양회
펴 낸 이　이 창 섭
펴 낸 곳　시인생각
등 록 번 호　제2012-000007호(2012.7.6)
주　　　소　경기도 양평군 옥천면 고읍로 164
　　　　　㉾476-832
전　　　화　(031)955-4961
팩　　　스　(031)955-4960
홈 페 이 지　http://www.dhmunhak.com
이 메 일　lkb4000@hanmail.net

값 6,000원

ⓒ 이기철, 2013

ISBN 978-89-98047-22-1　03810

* 저자와의 협의에 의하여 인지를 생략합니다.
* 이 책의 저작권은 저자와 시인생각에 있습니다.
* 잘못된 책은 책을 구입하신 서점에서 교환하여 드립니다.

※ 이 책은 만해사상실천선양회의 지원으로 간행되었습니다.